AF263424

43
1
3136

Réponse

AUX ARTICLES

DE M. BUCHON.

RÉPONSE

AUX ARTICLES

DE M. BUCHON,

INTITULÉS :

DÉTAILS INCONNUS SUR L'AFFAIRE DU DUC D'ENGHIEN, EXTRAITS D'UNE CONVERSATION DU ROI JOSEPH-NAPOLÉON,

LESQUELS ONT ÉTÉ INSÉRÉS DANS LES FEUILLETONS DU JOURNAL LA PRESSE DES 9 ET 10 SEPTEMBRE, ET 1er OCTOBRE 1843.

Si de veritate scandalum sumitur, utilius permittitur nasci scandalum quàm veritas relinquatur.

Saint Grégoire, Homél. VII.

Dût la manifestation de la vérité faire naître du scandale, il vaut mieux qu'il en soit ainsi, que de trahir les intérêts de la vérité.

PARIS,

DENTU, LIBRAIRE; PALAIS-ROYAL,

GALERIE D'ORLÉANS, 13.

1843.

RÉPONSE

AUX ARTICLES

DE M. BUCHON.

C'est avec regret que nous donnons si tard cette réfutation qui, heureusement, n'a perdu rien de son à propos et de son intérêt historique. Quand on habite un pays qui n'a pas la ressource des chemins de fer, on est exposé à des délais inévitables.

Cependant, il vaut mieux tard que jamais faire connaître la vérité, réfuter les erreurs, ou même rectifier les idées fausses des personnes qui, par la nature de leurs affections, de leur intérêt particulier, ou même par esprit de parti, peuvent égarer l'opinion, après s'être égarées elles-mêmes. Nous sommes d'ailleurs intéressés dans la question qu'il s'agit ici de débattre. Tous ces motifs nous déterminent à ne pas ajourner plus longtems notre Réponse à M. Buchon.

Nous admettons qu'il est possible, qu'il est probable même, que le Premier Consul ait cru devoir, à l'époque de l'enlèvement, du jugement et de l'exécution du duc d'Enghien, parler dans le sens des *Mémoires* et de la *Conversa-*

tion attribués au roi Joseph, dont il connaissait la véritable bonté de cœur. Nous savons que, réellement d'accord avec son frère Lucien Bonaparte, qui déjà depuis quelques mois était en grave mésintelligence avec Napoléon, ce roi s'était réuni à Joséphine, leur belle-sœur (1), pour tâcher de sauver le prince infortuné qui, selon les judicieuses expressions du président du 18 brumaire, adressées au Premier Consul, *n'était pas son prisonnier de bonne guerre, puisqu'il n'était tombé en son pouvoir qu'en violation du droit des gens sur le territoire d'un prince souverain, que garantissaient les traités les plus solennels, notamment celui de Westphalie.*

Aussi, aux yeux des moralistes de sang-froid, c'est-à-dire de ceux qui ne se laissent pas éblouir par l'éclat d'un grand nom, qui pèsent le sang humain, quel qu'il soit, lorsqu'il est innocent, dans la balance d'une incorruptible conscience, l'enlèvement du duc d'Enghien est un crime plus grand que l'assassinat même de cette illustre victime, revêtu de formes juridiques : le premier crime menait à tous les autres.

Toutefois, Joseph fut, à ce qu'il semble par le récit de M. Buchon, plus sensible à l'obscur assassinat des fossés de Vincennes, qu'à l'enlèvement d'Ettenheim, puisqu'il ne cherche pas à justifier Napoléon de ce dernier acte.

Nous aussi, mettant un moment de côté les principes de la morale, nous éprouvons plus d'horreur de l'effusion de ce sang innocent que du rapt odieux qui la précéda. Certes

(1) Le 20 mars 1804.

les admirateurs *quand même* de l'empereur, et ses partisans à tout prix, ne peuvent tenter de le disculper, d'après sa lettre du 19 ventose an XII (10 mars 1804), adressée au ministre de la guerre; là le programme de cet enlèvement est tracé longuement et de main de maître en fait d'atroce préméditation, par le Premier Consul lui-même. Nous regrettons que cette lettre soit trop longue pour pouvoir être insérée ici ; mais les Mémoires de M. de Montholon sont entre les mains de tout le monde, et justifient assez l'horreur que cette lettre inspire et inspirera toujours aux âmes droites et généreuses.

Laissons de côté le premier acte de la sanglante tragédie dont Ettenheim fut le théâtre ; attachons-nous seulement au dénoûment qui se passa dans les fossés de Vincennes. Nous regrettons pour l'honnête M. Buchon, qu'il ait l'ingénuité de croire que le Premier Consul fût étranger à cet assassinat, parce que le roi Joseph lui a dit que *c'était une bonne et douce nature que celle de son frère Napoléon, qui se donnait souvent plus de peine pour paraître méchant que d'autres pour paraître bons*, etc. Nous convenons que Napoléon, comme nous l'avons déjà dit, peut avoir exprimé des regrets de cette exécution, mais il nous est impossible de croire qu'elle ait été *faite à son insçu et sans attendre son ordre*. Une telle assertion est trop pitoyable pour qu'on puisse y ajouter foi. Elle prouve seulement que les ordres du supplice avaient étés donnés d'avance; et que les juges de l'infortuné prince avaient osé prendre sur eux d'interpeller le

Premier Consul définitivement, avant l'exécution de leur sentence, et que ne recevant pas de réponse, à ce que dit Joseph, à cause du *sommeil prolongé* du préfet de police Réal, ils craignirent de se compromettre auprès du maître, si on tardait plus longtems à consommer le crime qu'il avait ordonné.

Ensuite, croira qui voudra que Napoléon ait eu l'idée de faire du duc d'Enghien un de ses aides-de-camp; qu'il ait pu penser que ce vaillant et généreux prince, auquel il était permis de se croire le défenseur légitime des droits de sa famille au trône de France, où il avait lui-même des droits éventuels, eût consenti à accepter un bienfait de Bonaparte. Quant à nous, nous n'en croyons rien; nous pensons avoir aussi assez de jugement pour ne pas ajouter foi à ce propos du Premier Consul : *J'aurais voulu l'employer dans mes armées.* Mes armées ! le Premier Consul ne se serait jamais servi de cette expression toute impériale. Il a tout au plus pu dire, étant général en chef, comme tant d'autres généraux, en parlant des corps qu'ils commandaient : « Mon armée. » S'il s'était, à cette époque du consulat, permis cette expression : « Mes armées, » son frère Joseph, dans sa juste sagacité, s'en serait moqué, même devant lui. Non, dès cette période du gouvernement consulaire, Bonaparte avait bien établi, autant qu'il l'avait pu, l'étiquette des cours dans l'intérieur de sa maison, mais il n'a jamais dit : *Mes armées,* que lorsqu'il fut empereur; encore n'abusait-il pas trop de cette locution.

Enfin , résumons notre degré de croyance dans les *regrets*, *la colère*, *l'horreur*, *l'impatience* où Joseph trouva Napoléon après la fatale exécution. Admettons simplement que Napoléon ait témoigné à Joseph , après l'exécution consommée, tous ces *regrets*, toute cette *horreur*, toute cette *colère*, suivis de son *impatience*. Croyons aussi que le Premier Consul , qui n'avait jamais été si poétique , exprima ses sentiments en citant de longues tirades de Corneille relatives à la position de César à l'égard de Pompée ; toutefois César n'avait pas fait enlever Pompée , et certes, d'après sa générosité connue, il n'eût pas ordonné sa mort. Tout en ajoutant foi aux citations, en prose et en vers, du roi Joseph et de son illustrateur M. Buchon , nous ne pouvons pourtant accorder qu'un seul point à ce dernier : c'est que Joseph a pu reproduire les sentiments que lui avait exprimés le Premier Consul ; mais, à cette époque, nous lui avons connu trop d'esprit et de jugement pour croire qu'il ait été dupe, un seul moment, de ce repentir apparent, et nous sommes sûrs que, en écrivant ses Mémoires , et en parlant à M. Buchon, il eut plus d'envie de persuader ses lecteurs de l'innocence de son frère Napoléon, qu'il n'en était convaincu lui-même.

Nous en disons à peu près autant pour les assertions du même genre attribuées à M. le comte Réal qui , malgré les suites tragiques et si déplorées, en prose et en vers, par le Premier Consul, de son *petit* accès de paresse, ne continua pas moins d'être en faveur auprès de Napoléon, qui, bien

qu'à cette même époque il fût prodigue de destitutions ex-
traordinaires, ne tarda pas à le créer comte de l'empire. Ce
ne sera donc pas son témoignage qui nous empêchera d'être
convaincu que Napoléon doit être considéré comme le bour-
reau du duc d'Enghien.

Quant à son frère Lucien, bien loin que Napoléon parta-
geât ses mouvemens sympathiques pour le fils du grand
Condé, il lui répondit que le grand Condé lui-même n'était
qu'un général traître à la patrie, parlant à cet égard comme
Anne d'Autriche et Mazarin.

Il est juste d'observer ici, à la gloire de Lucien, que sa
visite à la Malmaison fut déterminée par la force des événemens : il voulait joindre ses instances à celles de Joseph et de Joséphine, pour empêcher le Premier Consul de
se placer au rang des princes meurtriers. Ajoutons que,
n'ayant pu réussir dans cette démarche d'humanité et de
judicieuse politique, le courageux Lucien ne revit plus Napoléon que lorsque, devenu empereur depuis plusieurs années, ils eurent, en novembre 1807, une entrevue de quelques heures à Mantoue, entrevue d'un grand intérêt, et dont
nous savons qu'il existe une relation aussi curieuse que
fidèle, écrite sous la dictée de l'illustre proscrit pendant sa captivité en Angleterre. Cette captivité fut un
malheur auquel l'empereur le força de s'exposer, en ne lui
envoyant perfidement des passeports pour l'Amérique, que
dans le tems où les escadres anglaises croisaient sur toutes
les mers. Cette capture désastreuse pour la nombreuse fa-

mille de Lucien, servit de prétexte à l'acte indigne du
7 septembre 1810, adressé clandestinement par lettres closes
au président du sénat, et par lequel le sénateur Lucien Bonaparte cessa d'être inscrit sur les registres de ce premier
corps de l'État : acte qui fut suivi d'un ordre donné par le
grand trésorier de la Légion-d'Honneur, de ne plus com-
prendre ce grand dignitaire sur ses états, à compter du se-
cond semestre de 1810.

Ce guet-apens impérial, que nous venons de rappeler, fut
tenu aussi secret qu'il était possible, à cause du silence dé-
sapprobateur qui accueillit dans le conseil d'État le projet
d'une aussi tyrannique spoliation. A ce sujet, honneur soit
rendu à la mémoire du conseiller d'État Regnault de Saint-
Jean-d'Angély, qui eut le courage de dire au despote que,
*sous quelque couleur que l'expulsion de Lucien fût présen-
tée à l'opinion publique, elle produirait sur elle une mau-
vaise impression.*

Dans les Cent-Jours il y eut rapprochement momentané
de Lucien avec l'empereur, qu'il espéra amener à formuler
au Champ-de-Mars, une abdication en faveur de son fils,
ce qui eût mieux valu que de s'y trouver contraint. Bien-
tôt après, Lucien et Napoléon furent de nouveau en grave
mésintelligence au sujet du fameux acte additionel sur lequel il leur fut impossible de s'entendre. Nous avons toujours considéré cet acte, espèce de forteresse dressée, en
attendant qu'on pût l'armer, contre les libertés publiques,
comme une des principales causes du refroidissement na-

tional dont Napoléon ressentit les effets pendant la guerre de l'invasion de 1815.

Le désir autant que l'occasion de rendre hommage et justice à un des plus grands citoyens de notre époque, nous ont entraîné loin de la réfutation des *Détails inconnus sur l'affaire du duc d'Enghien.* Au moins, par cette digression, nous croyons avoir prouvé que notre opinion sur la prétendue innocence de Napoléon dans cette sanglante catastrophe, n'est pas due à une haine aveugle contre tous les individus du nom de Bonaparte.

Pour en revenir à notre objet principal, nous déclarons en notre âme et conscience, comme si nous étions membre d'un jury assemblé pour prononcer sur cette question : « Oui, le premier consul Bonaparte est coupable volontairement de la mort du duc d'Enghien. »

Répondons à ce passage des *Mémoires inédits* du roi Joseph, affirmant positivement l'innocence de son frère Napoléon dans l'exécution de Vincennes : *Napoléon a toujours tenu ce même langage à Sainte-Hélène, dans ses entretiens et même dans son testament.* DANS SON TESTAMENT !.. A l'heure suprême où il le formula, un désaveu pourrait sans doute avoir quelque valeur ; mais est-ce que le bon roi Joseph a pris un aveu positif pour un désaveu ? ou bien parle-t-il de ce testament sans l'avoir lu ? il faut s'arrêter à cette dernière hypothèse. En effet, nous qui avons sous les yeux la copie certifiée légalement de cet acte, copie d'autant plus authentique que c'est la même

qui fut envoyée à Rome à Madame mère de l'empereur
Napoléon par ses exécuteurs testamentaires, nous allons ci-
ter les propres expressions de ce testament, que l'on a l'in-
concevable étourderie ou l'étrange maladresse d'invoquer
en faveur de l'innocence du Premier Consul.

ARTICLE VIII DU TESTAMENT DE L'EMPEREUR NA-
POLÉON : « Je désavoue le Manuscrit de Sainte-Hélène et
» autres ouvrages sous le titre de *Maximes, Sentences,* que
» l'on s'est plu à publier depuis six ans. Là ne sont point
» les règles qui ont dirigé ma vie. J'ai fait arrêter et juger
» le duc d'Enghien, parce que cela était nécessaire à la sû-
» reté, à l'intérêt et à l'honneur du peuple français, lors-
» que le comte d'Artois entretenait, de son aveu, des as-
» sassins à Paris. Dans une semblable circonstance j'agi-
» rais de même. »

Rien de plus horriblement clair que ce désaveu de toutes
les ingénieuses inventions des admirateurs *quand même*...
La *sûreté,* l'*intérêt,* et l'*honneur* du peuple français!...
L'honneur! L'honneur surtout!... Voilà, il faut en convenir, un grand abus de ce grand mot d'honneur national. Il
n'est pas, nous en sommes certain, un seul de nos compa-
triotes qui ne désavoue ici au fond de son cœur l'étrange
assertion, qu'on ait pu croire sauver, au prix d'une action
de ce genre, l'honneur national menacé.

Ce n'est pas tout. L'attentat d'Ettenheim peut-il être
considéré comme représaille des assassinats qui, au dire

de Napoléon, menaçaient sa personne par le bras des meurtriers que le comte d'Artois avouait entretenir à Paris dans cette vue criminelle? Non, le comte d'Artois n'eût jamais fait un tel aveu, lors même qu'il eût été capable d'entretenir des sicaires à sa solde. L'assassinat du duc d'Enghien, même son simple enlèvement, fussent-ils considérés sous le point de vue de représailles, ne pourront jamais obtenir l'assentiment d'aucun homme de bien, d'aucun peuple civilisé. En cette occasion, le Premier Consul a agi comme il est encore d'usage de le faire en Corse : dans ce pays, fameux par l'exercice des vengeances particulières, ce crime se conçoit; mais que le chef d'une nation puissante, de la France enfin, ose se vanter d'avoir ainsi vengé sa querelle, qu'il veuille ainsi voiler le crime de son action, et qu'il cherche à associer ainsi aux fureurs de sa vengeance, le grand et noble peuple français, sous prétexte que son *intérêt, sa sûreté, et son honneur* y sont intéressés!!! c'est trop d'audace. L'assertion gratuite de Napoléon contre le comte d'Artois n'est qu'une atroce calomnie. Quant à l'*aveu* imputé à ce prince, il ne l'a point fait, parce qu'il était incapable de concevoir l'idée de faire assassiner même son plus grand ennemi. Toute sa vie donne un démenti continuel à cette accusation : dans sa jeunesse, léger, brillant, aimable, il fut toujours fort opposé à la perfidie et à la cruauté; dans la maturité de son âge, qui est l'époque où le testament napoléonien le montre occupé, de son propre *aveu*, à *entretenir des assassins à Paris,* tout ce

qui l'a approché a reconnu en lui un prince religieux, toujours résigné, toujours bienveillant, généreux jusqu'à la pro-
digalité, plein de cette grâce et de cette courtoisie exquises
qu'il graduait avec un tact parfait selon les personnes qui
en étaient l'objet. Comment est-il possible que Napoléon,
pour donner une apparence de justice à la mort du duc
d'Enghien, ait pu inventer une telle accusation et que, surtout, il ait pu se flatter que ses contemporains et la postérité
seraient ses dupes?

Reprenons le paragraphe des *Mémoires inédits* : « Napo-
» léon a toujours tenu le même langage à Sainte-Hélène et
» même dans son testament... Il m'exprima ses regrets
» (c'est toujours le bon roi Joseph qui parle) par ces bel-
» les tirades de Corneille qu'il semblait adresser à ceux qui,
» comme Réal, lui avaient enlevé l'occasion de faire con-
» naître au monde tout ce qu'il y avait de beau et de géné-
» reux dans cette grande âme :

  » Votre zèle était faux , etc.

» la grandeur de Napoléon n'a jamais brillé d'un plus
» grand éclat que dans cette calamiteuse circonstance. »
Certes, il est permis de croire que Napoléon lui-même
désavouerait cette appréciation des actes de la *grandeur* de
sa *grande âme,* et qu'il serait surtout bien éloigné de convenir qu'il n'a jamais *brillé d'un plus grand éclat que dans
cette calamiteuse circonstance.* Calamiteuse circonstance!
Ne dirait-on pas qu'une nécessité physique, bien prouvée,

la lui aurait imposée? Ne l'avait-il pas créée lui-même par le rapt odieux, plus savamment encore prémédité par lui qu'exécuté par ses agens? A entendre Joseph, la mort du duc d'Enghien n'eût été que le simple résultat d'une étourderie d'un agent de police, d'un petit accès de sommeil de M. Réal, qui se trouve le bouc émissaire chargé seul du poids et de la tache de ce sang innocent! et le bon Joseph raconterait cette homicide bévue tout naturellement à ses convives! Non, M. Réal n'aurait pas, quelque dévoué qu'il fût, parlé ainsi de ce tragique événement. D'ailleurs l'opinion du tems ne l'a jamais désigné pour être la cause, même involontaire, de l'assassinat du prince; elle n'en a jamais accusé que *Napoléon tout seul* : lui-même, ainsi que le prouve l'article VIII du testament de Sainte-Hélène, bien loin de désirer qu'on lui enlève la gloire de cette action barbare, dit *qu'en pareille circonstance il agirait encore de même.*

Que M. Buchon convienne donc que ce n'est pas même nous qui donnons un démenti à ses assertions en faveur de l'irresponsabilité de Napoléon dans cette sanglante affaire, mais Napoléon lui-même, qui *veut qu'on sache* qu'à cet égard il est mort dans ce que l'Eglise catholique romaine, au sein de laquelle il déclare mourir, appelle l'impénitence finale; et qu'il laisse en paix l'ombre impériale, jouir du mérite qu'à ses derniers momens, Napoléon attachait encore à cette action.

Non, monsieur Buchon, l'opinion publique ne fut jamais

aveuglée par la gloire même du général Bonaparte, au point de croire que le duc d'Enghien ne fut pas sacrifié par lui et par lui seul. Elle apprécia le crime d'une *politique personnelle ;* et Napoléon convient lui-même que telle fut la nature de cette politique, en motivant l'exécution du 21 mars 1804, sur l'envoi des assassins soudoyés à Paris par M. le comte d'Artois. Le fameux Talleyrand (2), interpellé sur ce qu'il pensait de ce forfait, répondit par ce mot bien connu : « C'est plus qu'un crime : c'est une faute. » A la même occasion, un autre mot, celui du général B****, aujourd'hui placé dans une des plus hautes positions de l'Europe, est moins connu peut-être. Ce doyen de la corporation à laquelle il appartient, parlant à plusieurs personnes de son parti, qui appréhendaient que le Premier Consul ne médîtât de jouer le rôle de Monk, pour lequel nous savons que Joséphine avait de la propension, le général B**** s'écria, rayonnant de joie, en se frottant les mains : « Enfin » il est des nôtres ; il n'y a plus de Monk possible. »

Quant à Mme Bonaparte, elle était bonne, quand on ne lui portait point ombrage en certaines choses ; elle fut fortement impressionnée et par la visite d'intercession malheureusement inutile de Joseph et de Lucien, et par celle qui avait précédé, de Talleyrand, de Fouché, et de Murat qui, commandant de Paris, attendait les ordres de Bonaparte.

Joséphine dit à Napoléon en sanglotant, avec l'accent

(2) Ce mot a été, par quelques personnes, attribué à Fouché.

d'une vive colère, dont Murat qui était présent, et de qui nous avons appris ces détails, fut fort étonné : « Eh bien ! *Bonaparte, si tu condamnes ce pauvre prince, tu fini-* » *ras sur l'échafaud comme mon premier mari et avec plus de* » *justice; et moi je serai, cette fois, guillotinée de compa-* » *gnie.* » A quoi la *bonne et douce nature de Napoléon* ré-pondit par un trépignement presque convulsif des pieds et des mains, qui eût été une voie de fait réelle, si Joséphine ne se fût enfuie précipitamment.

Enfin, Lucien Bonaparte, ayant eu connaissance de l'exé-cution de la sentence, rentra consterné dans l'appartement de sa femme, aujourd'hui sa veuve, et lui dit : « *Par-tons, ma femme! il le veut, je pourrais lui résister, mais il a goûté du sang...* » Quelques jours après, Lucien et toute sa famille étaient sur la route de Rome, où ils s'établirent. Lucien mourut en 1840 à Viterbe, emportant avec lui l'es-time et les regrets de tous les gens de bien.

De toutes les personnes citées, le roi Joseph, le général B**** et la princesse de Canino, veuve de Lucien, sont les seules vivantes. On nous assure que Joseph n'est plus que l'ombre de lui-même, depuis qu'il fut atteint à Londres d'une longue fièvre cérébrale. Le général ex-jacobin est *interpellable.* La seule princesse de Canino, que nous avons des raisons de supposer encore dans la plénitude de ses fa-cultés morales, n'est certes pas un témoin qui puisse paraître irrécusable quand il s'agit de Napoléon, lui qui, de notoriété publique, fut son persécuteur, ainsi que de Lucien, avec lequel pourtant il s'était, dans les Cent-Jours, réconcilié, du moins en apparence.

A ce sujet, nous devons supposer à la princesse de Canino toute la générosité d'un noble cœur, capable d'étouffer les plus justes ressentimens en faveur de la vérité. Une femme ayant su gagner et conserver le cœur d'un homme aussi supérieur que Lucien, qui la préféra à plusieurs couronnes, doit sans doute être digne de lui. Cependant, le titre de *Doyenne des exilés français* qu'elle se donne, et sous lequel elle a, dit-on, présenté plusieurs réclamations au gouvernement du roi Louis-Philippe, semble annoncer des dispositions épigrammatiques et rancuneuses contre celui qui fut son ennemi. Ce n'est pas sans raison qu'elle a ajouté que *son exil, à elle, remontait à quinze ans plus haut que celui qui, à la première restauration, enveloppa tous les autres membres de la famille Bonaparte :* c'est-à-dire datait de l'époque du gouvernement consulaire.

Cette inimitié connue de l'empereur Napoléon pour la femme de son frère, inimitié injuste sous tous les rapports, doit rendre la veuve de cet homme illustre extrêmement circonspecte dans les Mémoires de la vie de Lucien qu'elle se propose de publier, car elle pourrait être accusée de haineuses préventions contre Napoléon autant que d'engoûment pour le prince de Canino. Quant à nous, c'est avec d'autant plus d'empressement que nous saisissons cette occasion de nous exprimer ainsi, que plusieurs éditeurs de la haute librairie, soit française, soit anglaise, soit belge, ont déjà proposé à la veuve de Lucien Bonaparte de publier tous les documents scientifiques, politiques et littéraires qu'il a laissés en portefeuille. On nous a même assuré que, si un traité à cet égard n'a pas encore été conclu, c'est que la princesse, à laquelle il ne reste, ainsi qu'à ses enfants, qu'une très médiocre fortune, a voulu faire un contrat à part pour les nombreuses polémiques de ses portefeuilles, telles que la Relation du 18 Brumaire, écrite toute entière de la main de Lucien, et sa volumineuse correspondance pendant quarante ans, avec les personnages les plus marquants de la fin du siècle dernier et du commencement de celui-ci, jusqu'à sa mort; c'est qu'elle tient à ce que tous ses autographes, sans doute très précieux, soient achetés après que les copies en auront été livrées à l'impression.

Nous sommes dans le siècle des singuliers contrats de librairie. Les Mémoires d'*outre-tombe* de M. de Châteaubriand ont, les premiers, imprimé le mouvement, qui ne nous semble pas trop dans l'intérêt des éditeurs acquéreurs : car il est certain que, si le célèbre auteur du *Génie du Christianisme* vit encore longtemps, la publication de ses Mémoires, ainsi retardée, ne peut que diminuer de jour en jour, aux yeux de la jeune génération, l'intérêt qu'ils auraient pu inspirer.

C'est un motif du même genre qui nous enhardit à faire observer à M.me la princesse de Canino que, plus elle tardera à faire sa publication, moins son ouvrage sera intéressant pour des événements qui sont déjà bien éloignés de la mémoire de la plupart de nos contemporains. Cette dame elle-même, d'après la qualification qu'elle a adoptée de *Doyenne des exilés français*, ne pouvant être des plus jeunes, court le risque de voir tomber prochainement après elle tous les matériaux préparés par son mari, aux mains de personnes négligentes ou bien intéressées 'à ce que leurs faits, gestes et correspondances d'*autres temps* ne soient pas rendus publics.

Cette digression ne nous est pas dictée seulement dans l'intérêt de Mme la princesse de Canino, éditrice des OEu-vres posthumes de Lucien Bonaparte : la publication de ces importans écrits, si elle est sans lacune et sans altération, aura pour nous-mêmes un intérêt particulier, puisque nous y trouverons la confirmation et le développement des faits et des raisonnemens, présentés par nous aujourd'hui, pour réfuter l'inculpabilité de Napoléon dans la mort de l'hôte du duc de Bade.

Nous voici arrivés au développement des motifs que nous avons annoncés au commencement de cette Réponse à M. Buchon. Il nous l'a lui-même suggérée par celle qu'il a faite, dans le journal *La Presse*, du 1er octobre dernier, à la lettre que M. le comte de Choulot a publiée dans le numéro de *La France*, du 27 septembre précédent. On voit, dans ce nouvel article de M. Buchon, qu'il lui a encore été répondu dans une autre feuille périodique de Paris, par une personne dont *il respecte les affections et le caractère.*

Nous n'avons pas l'honneur de connaître M. le comte de

Choulot ; nous ne devinons pas quelle est la personne à laquelle M. Buchon fait allusion. Ce qui a été dit de part et d'autre ne nous est connu que par M. de Choulot, qui prouve, sans réplique, que le bon Joseph s'est encore trompé en disant que Mme de Staël était en mars 1804, au nombre de ses convives de Morfontaine, tandis que cette femme célèbre n'aurait pu s'y trouver qu'en novembre. Nous ne pouvons convenir, avec M. Buchon, que ce fait soit insignifiant et qu'il importe peu que *Mme de Staël se fût trouvée à Morfontaine en mars ou en novembre* : il importe tant, au contraire, que cette erreur de date, sortie de la mémoire du roi Joseph, à l'occasion d'un témoin si remarquable dans une conversation aussi intéressante, donne justement la mesure de la vérité de beaucoup d'autres récits et de l'exactitude de plusieurs autres faits. En effet, Mme de Staël, et M. Mathieu de Montmorenci, et M. de Cossé-Brissac, et M. de Clermont-Tonnerre ne peuvent avoir eu, en novembre, la conversation rapportée au sujet de la crainte ou de l'indifférence qu'inspirait aux uns et aux autres la détermination du Premier Consul, relativement à l'infortuné duc d'Enghien. En mars cela eût été possible ; en novembre il y avait déjà huit mois que l'unique rejeton des Condé avait rejoint ses aïeux.

Pour se tirer de ce mauvais pas, M. Buchon a imploré le témoignage du prisonnier de Ham, qui lui-même n'eût pas été quitte à si bon marché de ses échauffourées de Strasbourg et de Boulogne, s'il avait eu affaire à son oncle

Napoléon... Honneur, honneur au roi clément, qui n'usa envers ce jeune imprudent que de la sévérité nécessaire pour lui laisser le tems de réfléchir aux dangers d'une troisième tentative !

Quoi qu'il en soit, l'assertion du prince Louis ne signifie autre chose que le désir qu'il a de laver son oncle de l'un des attentats qui peuvent le plus justement contribuer à flétrir sa gloire. Il y a beaucoup de naïveté, beaucoup de crédulité en la crédulité des autres, dans la réponse de ce prince à M. Buchon : le prince croit pouvoir assurer, en toute confiance, que *les détails relatifs à la mort du duc d'Enghien sont conformes à la vérité, car ils sont la reproduction exacte des paroles de son oncle.* Nous savons que le prince Napoléon a le cœur excellent : aussi, nous sommes persuadés qu'il a réellement écrit la vérité, quand il ajoute, après cette assertion qui lui paraît victorieuse : « *Vous vous souvenez sans doute* (c'est toujours à M. Buchon qu'il s'adresse), *que j'attachais tant d'importance à ce que les souvenirs du frère de l'empereur fussent recueillis sur ce sujet, que c'est moi qui ai instamment prié mon oncle de vous dire tout ce qu'il savait sur ce lugubre drame.* Au moins voilà bien une expression convenable à l'événement. Ici, l'on doit encore conclure que le roi Joseph, dans l'horreur qu'il a toujours eue de cet assassinat, a fait tout ce qu'il a pu pour ne pas faire entrevoir la chose au point de vue sanglant, si fatal à la gloire de Napoléon.

Quant à M. Thiers qui (selon la même lettre du jeune

prince) jetait dans l'*Histoire de l'Empire* qu'il prépare, toute la *responsabilité de l'exécution du descendant du grand Condé sur l'empereur seul*, nous doutons fort que cet habile historien ait pu changer d'opinion d'après l'avis que le prisonnier de Ham lui faisait donner *par M. Vieillard, député, que M. Buchon possédait sur cet événement des documens authentiques, puisqu'ils lui avaient été fournis par le roi Joseph lui-même.*

En définitive, revenons à la réfutation que nous croyons devoir faire de M. Buchon. Il dit que ses idées et ses sentimens à lui ne doivent laisser aucun doute sur son intention bien prononcée de dire la vérité. Ecoutons donc attentivement ce qu'il prétend nous faire adopter : « Un homme,
» *dont je respecte les affections et le caractère, paraît croire,*
» d'après une lettre insérée dans un journal de Paris, qui
» m'a été communiqué hier soir, que mon imagination a
» fait surtout les frais de cette conversation (du roi Joseph-
» Napoléon). Occupé depuis plusieurs années à réunir à
» grande peine, dans mes recherches et mes voyages, des
» documens tous nouveaux pour une *Histoire de la qua-*
» *trième Croisade et de ses suites*, il m'importe que mon
» attachement sincère et persévérant à la vérité, sous quel-
» que forme qu'elle se manifeste, soit maintenant hors
» de toute atteinte, hors de tout soupçon. Quelle foi méri-
» terait mon témoignage sur cette période si obscure et sur
» bien d'autres faits du moyen-âge que j'ai cherché à éclair-
» cir, si la parfaite véracité de mon témoignage, sur des

» faits aussi récens et aussi personnels qu'une conversation
» en 1840, pouvait un instant être mise en doute? »

Nous n'avons point l'avantage de connaître personnelle-
ment M. Buchon ; mais nous sommes, on ne peut plus,
touchés de l'amour qu'il nous annonce pour la vérité. Nous
ne pouvons nous empêcher de lui faire observer qu'il pousse
à cet égard le scrupule à l'extrême, car on ne pourra jamais accuser un écrivain de nos jours, qui veut s'occuper
d'une histoire ancienne, de faire des contes à plaisir, au
gré de ses caprices, de ses passions, ou même de son imagination plus ou moins féconde. Les Annius de Viterbe ne
sont pas communs ; ils ne pourraient d'ailleurs exercer leur
talent d'invention sur une histoire du moyen-âge qui est un
peu trop connue et qui, quel que soit le talent de l'auteur,
se borne à un livre fait avec des livres. Le seul esprit d'appréciation des faits, et la manière de les reproduire sous des
couleurs plus ou moins frappantes, constituent tout le mérite
d'un écrivain qui veut faire de l'histoire ancienne : car,
pour certifier les faits, il n'y a plus de témoins à entendre,
à moins d'être en communication et en société intime avec
des êtres de la nature du fameux comte de Saint-Germain,
qui pleurait plus que tout autre spectateur à la représenta-
tion de la *Mariamne* de Voltaire, *parce qu'il avait connu cette
belle Mariamne quand il était à la cour d'Hérode.*

Que le candide M. Buchon se tranquillise donc : les peti-
tes erreurs, dans lesquelles il est tombé d'après les *Mémoires inédits et les Conversations du roi Joseph,* ne peu-

vent aucunement entacher de fausseté son *Histoire de la quatrième Croisade*. On ne pourra que lui reprocher le choix des sources où il aura puisé ses documens, s'il lui arrivait, ce que nous sommes loin de croire, de ne les pas choisir avec discernement et d'admettre sans critique les assertions invraisemblables.

Quant à nous qui nous occupons aussi d'un ouvrage sur les *Croisades considérées sous les rapports religieux et politiques* (soit dit sans l'idée et surtout sans l'espoir de rivaliser avec l'auteur de l'*Histoire de la quatrième Croisade*), nous ne craignons pas qu'on nous accuse d'invention pour les faits de cette époque que nous rapporterons : ainsi que M. Buchon l'aura sans doute pratiqué lui-même, nous ne citerons rien qu'avec les documens et les preuves à l'appui. Nous n'éprouverions pas la même sécurité pour la confiance que les lecteurs pourront avoir en nos récits dans notre *Histoire des illustres victimes de la révolution française depuis* 1789 *jusqu'en* 1825, si nous laissions l'opinion publique s'imprégner d'idées erronées, en admettant comme vrais les événemens racontés par M. Buchon sur la mort du duc d'Enghien, d'après *des Mémoires et des conversations*. De telles sources sont en effet trop suspectes, puisqu'elles proviennent de personnes intéressées, soit à cause du nom qu'elles portent, soit même, par fausse conviction, à faire partager à d'autres leurs sentimens et même à blanchir entièrement la mémoire de Napoléon. Quel que soit le talent de M. Buchon, il ne parviendra pas à en imposer sur la part entière

que le Premier Consul a prise dans le meurtre du 21 mars,
part préméditée, active, et même confessée sans détour et
de sang-froid par lui-même dans son testament, au moment
solennel où il allait quitter la vie. Nous l'annonçons ici positivement : notre article sur le martyr d'Ettenheim *ne ca-
dre point du tout* avec les *Mémoires inédits et les détails inconnus* sortis de la bouche et de la plume du roi Joseph. Ils
ont été acceptés, à ce qu'il nous semble, par M. Buchon,
avec la droiture de cœur et d'esprit d'un écrivain ami de la
vérité : il n'en est pas moins évident pour nous que sa propre sensibilité et son horreur de l'assassinat du duc d'Enghien, jointes à ses sympathies particulières pour l'empereur, lui ont assurément fait illusion.

Nous ne pouvons terminer, sans protester ouvertement
contre les expressions vindicatives et haineuses envers la
maison de Bourbon, que l'auteur des *Mémoires inédits*
place dans la bouche de plusieurs membres de la noblesse
française, convives supposés de Morfontaine. Nous nous
permettrons même de ne croire ni à la présence de Mme de
Staël au banquet du 20 mars 1804, ni à cette exclamation de M. de Cossé-Brissac : « Sera-t-il donc permis aux
Bourbons de conspirer impunément, » ni à sa gloriole
insolente à l'égard de sa *noblesse historique*. M. Buchon n'a
pas réfléchi, en reproduisant cette phrase si invraisembla-
ble à la table d'un amphytrion dont la haute position,
comme frère du Premier Consul, était très récente et dont
la noblesse, quoiqu'ancienne, était loin d'être alors histo-

rique. De telles paroles auraient mérité le reproche de fort mauvais goût dans la forme, et, dans le fonds, elles eussent été des plus barbares dans leurs homicides aspirations. S'il était permis d'y ajouter foi, cette exclamation placerait M. de Cossé-Brissac, et les adhérens à son opinion, dans la classe des complices de l'assassinat de Vincennes, car le Premier Consul n'eût pas manqué de se trouver encouragé à commettre cet attentat, par l'opinion de cette *noblesse historique*, à laquelle il a depuis accordé tant de marques de sa faveur impériale. Cette noblesse l'a sans doute trop recherchée, mais, nous aimons à le dire, elle n'eût pas voulu l'acheter au prix du sang, surtout du sang d'un petit-fils du grand Condé. Eh ! qu'avait d'ailleurs le duc d'Enghien à démêler avec les actions de ses ancêtres, dont il ne lui appartenait que l'éclat d'un nom qu'il s'était si bien rendu digne de porter ? Qui aurait pu inspirer à M. de Cossé-Brissac cette vindicative récrimination : « *Comment les Bourbons ont-ils traité Biron, et mon aïeul, et tant d'autres ?* »

Ne nous appesantissons pas sur les autres récits de l'honnête M. Buchon. Terminons en l'engageant à continuer comme nous l'*Histoire des Croisades*, dans laquelle nous lui désirons plus de succès que dans ses reproductions irréfléchies des *Mémoires inédits et des Détails inconnus sur l'affaire du duc d'Enghien, extraits d'une conversation du roi Joseph-Napoléon.*

M. A. C. L. L. B.

Rambouillet, imprimerie de RAYNAL.

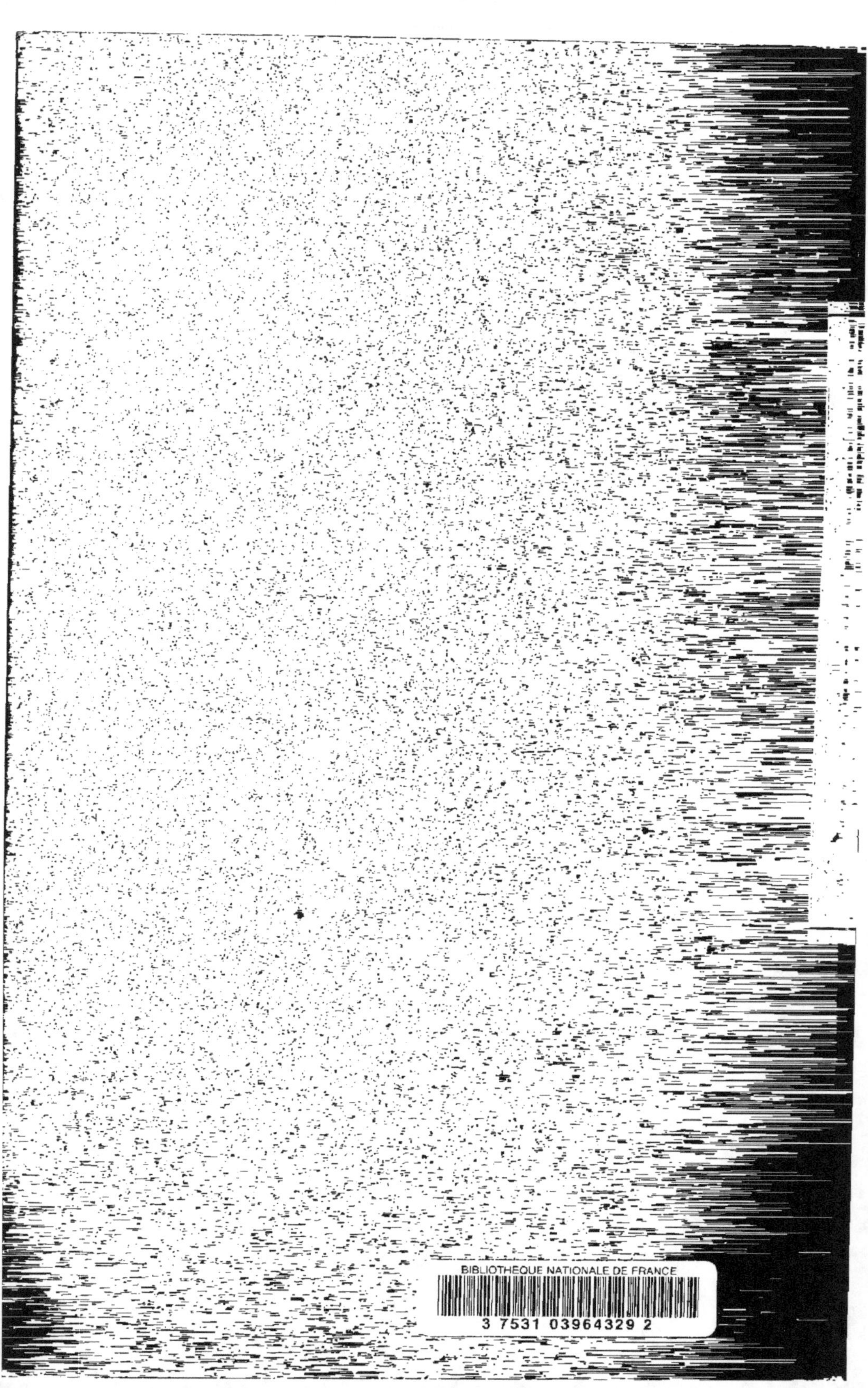